둥근액자

둥근액자

| 최혜림 제2시집 |

세종출판사

시인의 말

나의 시가
하얀 갓털 씨앗으로 날아
외롭고 마른 가슴에 다가가
공허한 여백을 채워주고 싶었는데
붓은 내 바람과 달리 흘러간다.

세 번째 작품집
그림이 있는 시집을 묶으면서
치열하게 시를 쓰지 못한 아쉬움과
미흡함을 자책했다.
그럼에도 늘 관심과 격려를 주신
지인들에게 고마움을 전한다.

2014년 5월

최혜림

1부 짚공예

2부 둥근액자

3부 혼자만의 소통

4부 장미허브

1부_짚공예

짚공예

풍요로운 문명 한 권
볏짚을 적셔 자근자근 두드려
손바닥을 비벼 새끼를 꼰다
꼿꼿한 두 가닥 순하게 휘어져야
온전한 줄이 되는 것
그 씨줄에다 날줄을 엮는다
할아버지의 할아버지로부터
그렇게 촘촘한 삶이 엮어졌다고
이엄이엄 가는 두 경선
연신 마주치고 어긋물리며
시름을 엮고 뜨거운 가슴을 엮고
수직과 수평을 아우른다
퇴영한 지푸라기 안고
지난한 속내 결은 소품마다
진득한 사람 내가 난다
수수한 흙빛에 적당히 거친 질감
가식 없는 소박함에
사락사락 새끼 꼬는 소리 여유롭다

오월 수채화

오월 마지막 연휴
부유하던 그리움이 내린다
연둣빛 수면에 수많은 얼굴을 그리며
너 나 경계 지은 정형을 지운다

동네 까치 쉬어가는 옥상 간이막
쓸쓸이 젖어드는데
까치는 어디서 허기를 채우는지
분에서 자란 대춧잎만 산들산들

단층집 대문께
날품 파는 남자의 하루가 추적거리고
뒤란 한 곁 풋앵두만 조롱조롱
내 좌표는 비 들지 않는데
가슴이 젖는 하루
저 높은 수액 창을 타고 흐른다

둥지를 틀다

퇴색한 평화의 상징
윤기 나는 도시를 떠나지 못해
거칠고 험한 세파에 휘둘리어
내 쫓기는 자리마다
아쉬움 되짚으며 떠돌더니
이브 모텔 외벽과 에어컨 사이
간신히 둥지를 틀었다
밤새 화려한 불빛 간판에
시린 눈 감내하며 혼신으로
미약한 피돌기 숨길을 트고 있다

어둑한 아침
간밤 제 둥지 파헤치던 아담
서둘러 지우는 머리칼 위로
고요한 하늘을 열어
부지런히 생을 낚는다
어딘가 켕기는 걸음 앞으로
숭고한 획 하나 그으며

내력을 말하다

슬며시 감추는 손
염색물처럼 침투한 기름때가
철공소 상호보다 선명하다

머쓱해하며 얼버무리는 미소가
케이 에스 마크다
쇠를 깎거나 녹여 붙일 때엔
바람마저도 움찔 멈춰서는
예리한 눈빛과 능숙한 손놀림

살기 위해 늘 바빴던 손
바짝 말라 엉그름 가고
올망졸망 불거진 굳은살 소조
유일무이한 그만의 무늬
한 남자의 진솔한 이력이다

동부 꽃

기름진 땅에 심은 동부콩
늦되는가 했더니
이내 지지대 감아 오르는 열정
그러고도 줄기만 뻗더니
기별도 없이 언제 왔는가
살포시 앉은 연보라 나비
수줍은 새아씨 절하듯
곡선으로 세운 갑사 치마
바라만 보아도 가슴 설레는
정갈한 자태
접은 날개 펼치고 날아가면 어쩌나
사이사이 꽃 진 자리
송편 동부소 그 달고 찰진 맛
주절 주절 열리고
단정한 꽃잎 위에
이슬도 쉬이 떠나지 못하네

자벌레

세상에는 재야 할 게 많아
몸이 자가 되었다고
시작점이 끝점이 되게
확실히 닿고 떼는 진지함
길이를 재고 너비를 재고
고개 휘휘 저어 공간을 잰다

옷을 재고 집을 재고
키를 재고 성적을 재고
재고 재다가 아옹다옹
저마다 제 눈금이 정확하다고
아니 올바르게 쟀다 하던가

여기저기 잴 수 있어도
네 속 내 속 잴 수 없으니
자벌레에게나 물어볼 일이다

거울 보기

눈 밑에 거울 받쳐
숲 속 하늘을 본다
한 발 내디디면
깊이 모를 세상으로
풍덩 빠질 것 같은
청명한 하늘 호수

이마에 거울 대고 바닥을 본다
바위 나무 가방 사람들
한순간 나를 향해
뚝 떨어질 것 같은 아찔함

연못은 수련 밑자리를 보고
하늘은 내 정수리를 본다

연근을 다듬으며

깊은 물에 잠겨 있어
네 속 아픈 줄 몰랐어

그만 접고 싶었던 마음
어찌 없었을까마는
매달린 입만큼이나
뚫어진 구멍들
점점 넓혀진 관을 타고
샛바람 얼마나 들었을꼬

골다공증 그 무릎 위로
초연한 꽃을 피우고
잎사귀에서 구르던 눈물
홀로 삭혀온 허허로움이
고운 명주실을 자았구나

식탁 위에 연어

가장 아름다운 구애를 위한
초능력적 회귀 질주
강렬한 눈과 독수리 같은 입
그 무엇도 두렵지 않을 패기
하지만 네 절실한 본능도
지능동물 앞에선 어쩌지 못한다

뒤척일 수도 없이
포개 누운 냉동고에서
얼어붙은 지느러미 곧게 펴고
멋들어지게 유영할 날 기다리며
지치도록 사랑을 꿈꾸는데
정당성이란 먹이 칼날에
오붓한 살점 산산이 흩어진다

유람의 바다 파도소리 사라지고
아늑한 갯물 내마저 멀어질 때
주황빛 기억을 추슬러
한 뼘 둥근 접시 위에
사라진 바다를 그린다

여운

구청 마당 나눔의 시장
팔순의 할아버지
색 고운 여자 옷 매만진다
쓸어보고 다시 쓸어보는 손
경건하다
누구를 떠올려
환하게 입혀보는가
구부정한 어깨를 잡는
애틋한 얼굴
쏟아지는 햇살에 눈이 시리다

섬이 된 사람

버려둔 집에 내걸린
남포등

미세한 인적을 줍는다

덩그런 밥상 위로
어른거리는 얼굴
소식이 없는데

바지랑대에 맴도는
잠자리 한 마리
앉을까 말까
살짝 건드려보고

궂은비 내리는 날
자박자박 발자국 소리

종일 가슴을 밟는다

오늘을 닦는 일

산다는 것은 낡아가는 것
끓어오르는 거품이 아니라
잦아드는 진득함으로
낯달이 으스러지도록
고된 하루를 펴고 접는 일
다시 동트는 내일을 위해
더 열렬해야 하는 오늘이면 좋겠다

산 빛도 스산한 겨울 저녁
허정허정 억새 길 걸으며
잎새 하나 없는 나무를 본다
난무한 찬바람 마다않고
겸허히 밤을 품는 일
무념무상의 수행을 듣는다

계산대 앞에서

장보기 깔끔한 대형마트
시간마저 양반걸음이다
흥정 필요 없는 심플한 계산기
차곡차곡 금액이 쌓인다

이를 어쩌나
매장에서 만난 지인 아이에게
카트에 담긴 과자 우유
한사코 건네주었는데
재래시장 사고가 사고事故다

영수증 따라온 경품권
당첨될 리 없는데
번드레한 고가 그림에
순간 걸음이 얽힌다

바로잡기

새로 태어나기 위해서는
먼저 허물어야 한다
허무는 것이 시작이다
해체는 새로 짓기보다 어려우나
결코 공空 아니다

고칠 때는 중심부터 찾아야 해
중심을 맞춰야 꼬이지 않는 법
수정은 가장자리에서 하는 것
과감하게 버리든지 보태든지

아무리 좋은 꽃신도
내게 맞지 않으면 소용없는 것
내 발 내 몸에 맞추듯 고쳐야지
바로잡는 것은 오래 살기 위함이다

편견의 그늘

버려진 당근 한 모둠
미숙하거나 샴쌍둥이이거나
불균형 발달로 기형인 것들
상흔까지 지워주자고
박박 문질러 아린 굴곡을 씻는다

노포동 어디쯤의 흙이
반듯하지 않아도
누가 탐내지 않아도
다 같이 품어 키웠노라고
강판에서 질척거린다

유다른 겉모습에 입은 상처
없는 듯이 지우고
자란자란 웃는 흠 없는 눈물 한 잔
두 손 모아 애틋한 여운 어루만진다

대중탕

열쇠 하나
너나없이 같은 집 내어주며
포장은 죄다 벗어두고
벌거숭이로 오라 한다

인근 사람들 죄다 불러
한 품에 버무리는 대형 욕조
같은 양수 속 낯선 태아들

생긴 모양 다 드러내고
박박 문질러 씻어도
그 속내 알 수 없는데
은근히 서로의 바코드 가늠하며
상쾌함이 문을 넘는다

악수

만남과 이별이
성글게 엉클리는 생
훌쩍 돌아보고 싶어지는 날
무심했던 시간을 건너간다

생기 가득한 시즌을 떠나면서
하루씩 한 주씩 한 달 두 달 멀어진
클래스파트너
어렴풋한 기억 자락을 들추며
선명하게 와 닿는 얼굴
마주잡은 손이 뭉클하다

도시철도 한 정거장 사이
얼마나 먼 가슴이기에
라일락은 네 번 피고지고
말 보다 많은 안부를 느낀다

다시 꼭 잡은 두 마음
물결 이음표 하나 걸어둔다

구두를 읽다

조명가게 모퉁이
역 브이 자 간판 하나
종일 지나는 발들을 읽고 있다
허벅다리 위에 고무판 얹은
은빛 수염 아저씨
노련한 구두칼 하나로
낡은 자존심 떼어내고
새 활력소 힘차게 붙여
덜거덕거리던 발
기우뚱거리던 발
반듯하게 잡아준다

바로잡을 수 없는 건
고르지 못한 세상과
불완전한 자신의 다리
내디딜 적마다 한쪽으로
움푹 꺼져내리는 위태한 기울기
휘청거리며 고른다
세상 걸음 반듯이 세우는 날까지
할퀴고 닳은 것들 어루만지며
손등에 옹골진 길을 만든다

춘산장 여관

땅콩 한 됫박이 푸짐한
남지 장터거리를 지나면
홍치마 초록 저고리가 수줍게 어리는
춘산장 여관

18세기 노래가 레코드를 타고
한 곡조 넘어가고 있다

모짜르트 피자와 나란히 한
냉난방 목욕시설 완비의 허술한 필체
그야말로 깜찍한 대비가 사이좋게 붙어 있다

칠칠하게 뻗쳐있는 낡고 좁은 계단
또각또각 하이힐 소리 새어나오고

이 층 햇살 드는 창문에는
레이스 달린 커튼이 누군가의 추억처럼
흑백 필름 속 꽃무늬를 돌아 나온다

머뭇거리는 낭만
창 귀퉁이에 붙은 후줄근한 꽃잎 한 장
'달방 있음'
처연하게 간들거린다

무형의 길

걸음이 길을 만든다
오솔길이든 대로든
물이 막으면 다리를
산이 있으면 산허리를 뚫어
공중에도 길
물속에도 길을 낸다
만들지 못하는 건
종착지를 향해 가지만
알 수 없는 나의 길
잔가지로 얽힌
내 손금 같은 길
연습 없이 걸어와
조용히 돌아본다
험난했지만
예까지 이어준 길에도
그저 고마웠노라고
감사하고 싶다

2부_둥근액자

더덕꽃

수줍은 자줏빛 초롱
슬쩍 한 송이 모셔 와
유리잔을 받쳐
그리워예* 한 잔 따릅니다

누군가 다가와
꽃잔에 입술 적시며
소르르 향기에 취해
벙긋 웃어주었으면

여러 해 소식 없는 지기
저 꽃별 지기 전에
잠깐 다녀가라고
산길에 주줄이 걸어둔
향그러운 종소리 들리지 않나요

* 그리워예 : 대선주조에서 만든 소주 이름

둥근 액자

짙푸른 기상 땅에 누이져
여덟 조각 둥근 고리 되어
아날로그시계를 담았다

쉼 없이 맞물리는 육십진 순환
한없는 낮밤에 제 시간 멎을 때
덩달아 버려지는 피톤치드의 아픔
다시 눈 맞추며 살자하네

수작의 그림 품었어도
사각 틀에 갇힌 나이테 설움
숲 잃은 원목 고정불변 없다는 듯
둥글게 둥글게 모난 데 없이 살자하네

시가 도자기에 들다

시조 한 수 품어 안은
도자기를 보았네

산새 소리 내려와
도자기에 담겨드네

벚 낙엽 살몃 다가와
그윽한 멋에 잠기네

남지 유채꽃

반짝이는 잔물결 여유롭고
오이 향 감도는 곳
사월 강변 샛노란 만찬이다

잔별 화르르 쏟아놓은
드넓은 강변 꽃 벌에
아린 추억 여울져 흐른다
장대비 뒤에 범람하는 강물
수박밭 감자밭 성큼성큼 삼키고
흙물 가득 넘실거릴 제
한없이 작아지던 아버지
꽃 물결 속에서 명멸한다

싱그러운 유채꽃 속살거리고
봄나비 유희 정겨운 남지 강변
명明 노란 융단 눈부시다

누운 나무

계곡 길목
나무 한 그루 누웠다

나이가 많아서일까
아니면 너무 오래도록 서 있어서
다리가 아픈 것인가

족히 삼십 년은 살았을 나무
파란만장 기후에 맞서 사는 일
결코 만만하지 않았을 터인데
울어주는 이 하나 없다

비로소 제 그늘에 앉았던
풀과 돌멩이 이끼들과
얼굴 비비는 거목
흘러가는 구름과 나는 새
공중 속 세상 이야기들을
조곤조곤 들려준다

다시 오르지 못할 하늘을 보며

하얀 민들레

영희네 석이네 옹기종기
발자국 포개며 살던 마을
샛길 옆 삼간두옥 아지매
자식 넷 딸린 청상이라
그저 그런 흔한 얼굴에
찢기고 닳은 손톱에 갈퀴 같은 손
고무 슬리퍼 뒤로 드러난
솔 껍데기 같은 발꿈치
그 몸 하나 믿고 억척스레 살았어라
자식 다 키워 떠나보내고 보니
한층 더 낮게 엎드린 집
홀로 앉아 한 같은 노래를 읊는다
억센 여자 아니라 인내하는 여자
한순간 꽃피우고 짓눌린 허리
다시 일으켜 세워 단장하는
하얀 올림머리가 귀엽도록 순박하다

딸기밭

포근한 꽃향기
하얀 비닐 속
하얗게 피어난 꽃 위에
흰나비 하느작 하느작

어둠 지난 아침이면
어느새 푸른 옷 입고
환하게 웃는 귀염둥이

추운 겨울
송이송이 익어가는 딸
예쁜 딸 그리워
빨갛게 달아오른 어머니 마음
속속들이 젖어들어 다디달다

온 들녘 언제나
넉넉한 어머니 가슴이어라

도깨비 바늘

늦가을 마른 밭에
잠시 들렀을 뿐인데
불로소득 한 바가지
무릎까지 고슴도치라니
꽂힌 화살 떼어 내도
이리 붙고 저리 붙는 파파라치
한여름 노란 꽃잎 성글게 피어
미완성 꽃이라 여겼는데
그 어설픈 꽃 속에
이런 악착이 있을 줄이야
길쭉한 열매 끝에 정교한 가시 털
여차하면 달려들 태세인 줄 모르고
안이한 발길이 얻은 된통
감쪽같이 공격하는 재주
도깨비는 도깨비인가 보다

하늘 모양

사뭇 가벼워지는
시월 산벚나무 잎
구멍 숭숭 뚫리어
햇살에 흔들린다

온전한 것 하나 없는
황갈색 잎마다
누구의 식사가 되었는가

비어 있는 공간마다
환하게 열리는 하늘
사랑 흔적의 무늬
천天의 모양 천千의 얼굴

철없는 사랑

늦가을 복사꽃
남몰래 피었습니다
철 지나 틔운 연분홍 사랑
설렘임보다 외로움 짙어져
그리움으로 앓는 시간마저
아름다움이란 이름으로
멍들어 갑니다
울음마저 메마른
때늦은 사랑가
혹여 님 오실라 기다리는
어여쁜 자태
저 혼자 가엾이 시들어갑니다

꽃무릇

같은 땅 숨 쉬고 살아도
만날 수 없는 인연
줄 수 없는 사랑이기에
닿을 수 없는 마음이기에
부르다가 버렸다가
다시 간절해지는 그리움
단정한 모습 뒤에 출구뿐인 가슴
흔들림 다잡아 버팀목 세워도
금세 휘어지고 마는 의지
앓으면서 사는 게 생존이라고
아니 성장이라 하였던가
부질없는 연정
어차피 홀로 삭여야 할 아픔인 줄 알면서
쉬이 떨치지 못하는 정념
얼마나 더 아파해야
이 붉은 사랑 잠재우는가
엇갈린 인연 뜨겁게 풀어내는 춤사위
만인의 가슴을 태운다

옥상 텃밭

한 시절 보낸 그릇들이
싱그러운 초록을 꿈꾼다
심심한 손 날마다 쏟는 정성
거친 토양도 아시는지
초릇초릇 싹눈 내민다
주름진 얼굴 환해지고
모락모락 자랄 때엔
신경통 걸음도 가뿐하다
화사하지 않아도
남새 푸새 꽃 피우면
한 십 년 젊어지는 미소
흙냄새 그리운 이들이
온갖 낡은 통 속에서
고향 밭 풍년을 일군다

달리아

무서리 내린 후
신작로 끝집에서 얻어온 알뿌리
우리 함께 겨울나고서
여름날 화단에서 만났다

한잎 한잎 고봉으로 쌓은 꽃잎
빨강과 순백의 조화
우아하고도 신비로운 자태
어지러울 만큼 화사한 꽃

그 이름 되뇌며 심부름 가던 날
다리 토닥이며 꽃 이름 일러준
그 음성 어디에도 없어라
꽃마저 볼 수 없더니 이제야 만나네
눈이 시리게 선명한 색색의 꽃
순결하고 경건한 모습
젊고 아름다운 수도자를 보듯
가슴 아리도록 고와라

비단풀

보잘것없이 생겼으나
비단 같은 심성
땅 가림 없이 아무데서나
까탈 없이 자라
그저 베푸는 것만 알아
눈에 잘 띄지도 않는 몸을
더 낮추어 엎드렸다
출혈이나 상처 자리 내밀면
제 줄기 하나 선뜻 잘라
젖 같은 눈물 뚝뚝 떨구어
얼른 낫게 해 주었지
선심 마냥 베풀어도
해코지할 줄 모르는 풀
그렇게 다 내어 주고도
어엿이 열매를 달았다
모래알만 한 이 씨앗 속에도
아마 비단 백白 필이 들었을 거야

삘기

사월의 고요가
낮은 풀숲으로 간다
가늘고 질긴 띠 속의 속살
하얗게 움츠린 촉촉한 솜털
부드럽고 달짝지근 상큼한 맛
잘근잘근 씹을수록
입안에 감기는 묘한 감촉
언덕이나 밭두렁 헤집는
한 모숨의 질겅거림이
아이들 간식 배를 채워주었지
연초록 이맘때면
꽃 애순 단물을 괴며
통통하게 살찌우고 있겠다

밥 짓는 풍경

구수한 밥 내음 퍼지고
보글보글 찌개 끓는 소리
정겨운 도마 소리
식구들을 부른다

상큼한 오이 향
미나리 깻잎 버섯 향
금세 입안에 맛이 도는데
무슨 요리를 하시는지

가만가만 달그랑 달그랑
상 차리는 여인
고운 뒤태가 나붓거릴 때마다
하나 둘 접시꽃이 핀다
가장 진실한 꽃이 움직인다

불두화

다솔사 앞뜰에
봄볕 헤아리는 불두화
한 스승의 모습이다

인자한 미소로
자상히 여며주시던 목소리
다복스레 오셨네

향기보다 고운 미소
백옥 빛 고상한 품위로
그윽이 지켜보심이
보는 이의 가슴을 데운다

개망초

아담하거나 화려하지 않아도
저 혼자 방실방실
재배 꽃 같이 산뜻한데
서러운 이름이다

귀할 것 없는 지천의 풀꽃
채이고 꺾여도
흔하고 모진 게 잘못이라
멸시 천대 견디며 꿋꿋이 살아간다

그리움 하얗게 바래는 여름
해사한 웃음이야 눈물의 거짓
쉬이 늙을 수도 없는 질긴 인연
긴 여름 다 가도록
진한 생명 붙들고 있다

산당화

명자나무 아가씨
초가을 담장 옆에서
향긋한 내 피우고
눈발 나리는 날 경계도 없이
깜찍하게 겨울눈 내밀어
배시시 기웃거리더니
빨갛게 물든 가슴
봄기운에 들켰나
수줍게 열린 입술
무슨 립스틱을 발랐는가
오가는 사람들 마음
다 채가네
귀엽고도 고운 꽃
밤비에 화들짝 떨어진
꽃잎마저 앙증맞구나

땡감 홍시

외톨박이 작은 감나무
유독 먼저 붉어지는 한 알
여섯 아이 눈독을 들이는데
어느새 사라지는 공허

그늘진 한 모퉁이 히죽거리며
맛이란 몰래 먹는 맛이 최고여 했겠지
하지만 완숙을 기다리지 못한 죄
입안 그득 빼득한 혼을 내고
목구멍까지 팍팍히 메웠을 테지

떫고 떫은 고집쟁이 독에 들어
눈 귀 입 닫고 인고의 시간 갖더니
이리 부드럽고 달콤하게 화할 줄이야
선홍색 탱탱한 과육
어느새 입 안에 단맛 고인다

3부_혼자만의 소통

그윽함의 꽃

벼루 위에 녹여내는
고고한 지조
어엿함을 낮추어
제 몸 찬찬히 내어준다
절절히 풀어내는 묵향
깊고 고요하다
하얀 종이와 묵색의 조화
그 담백한 기풍의 미
내내 멋스러운 서정

백이십도 기울기

꽃이 걸어간다
빛바랜 마른 꽃대
무릎은 길을 벗 삼지 못하고
땅 쪽으로 가까이 기운다
백이십도 기울어진
굽은 등에 앉은 제삿장
아홉 식구 장독만 하다

한 발씩 내디딜 때마다 움찔거리고
이미 땅 속에 누운 지아비의 성찬을 위한
위태로운 꽃대의 등짐

지하철 내림 층계의 아슬한 각
마른 꽃대는 바스락거린다

그냥 있어도
자꾸만 비끗거리는 오후의 시간
여태 지고 온 날짜로도
밀어내지 못한 등짐의 무게

마른 꽃대의 가파른 길 앞으로
호랑나비 한 마리 날아간다
팔랑 팔랑

혼자만의 소통

문을 열고 들어서면
PC부터 깨운다
일 분이라도 먼저 만나려는 접속
서로 대화하거나
손 내밀어 온기 나누는 것도 아닌데
품고 사는 친구
가까워도 전혀 모르는 사이
경쟁이나 기죽을 일도 없지
지구촌 소식을 전해 주고
궁금증을 풀어 주고
온라인강의를 듣게 해주는
냉랭하나 고차원 능력자
그 외 덤으로 따라 온 건
메마른 인정 상쇄해주는 역할이라는 것
친구야 너무 혹사시켜서 미안해
하고 말할 즈음이면
이 사회와 점점 멀어지고 있다

밥상머리 정

향나무 집 할아버지
어린애가 된 할멈 붙들고
달래듯 밥 떠먹인다
반쯤 흘려내려도 그래그래 잘한다
어르며 칭찬한다

지아비 입 짧다고 퇴박 주면서도
이녁이 건강해야 내가 편하다며
생선 가시 발라내 밥술에 얹어주던 마누라
이제는 저 세상 가고 없어라

쓸쓸한 밥상에 혼자인 것이
버림받은 듯이 서러워라
흘린 밥 주워담던 그때가 그리워
창 너머 먼 하늘 바라보니
할멈, 흰 구름 사이로 배시시 웃고 있네

겨울 낙엽

환송 시즌 놓쳐버린
뒤처진 걸음
서정의 파랑 떠난 자리
차가운 바람만 휩쓴다

마른 잎 갈가리 찢긴 채
재우치는 바람에
방향 없이 쫓긴다

후미진 곳의 안락함
비둘기 광장에 서성이는
습기 잃은 사람의 푸른 날 같은
번듯한 추억을 더듬는다

그때의 교실

온화하던 담임선생님
우리 반 흠절에 관한 나무람에 화가 나셨다
여간 꾸짖음이 아니었던지
징계의 회초리를 들었다
"모두 두 대씩이다 손바닥 내밀어!"

정적을 깨는 매 소리와 함께
여기저기서 우는 소리 들리고
긴장의 소리 끝인가 했더니
선생님 자신의 다리를 내리친다

당신의 질박한 사랑법
교탁 위에 수박 하나 멋지게 썰어
한 조각씩 나눠주시던 달착한 속맘
오랜 백묵가루 주름살을 그리고
골 깊은 주름이 흔들린다
이제 교권은 없다며
쓸쓸해하시던 모습 장송長松에 걸린다

노인의 색깔

은빛의 상징
그 머리칼에 염색을 한다
비슷비슷한 검은 머리
나이를 가늠할 수 없다

종합복지관 이 층
주간보호센터 창을 통해
다채로운 구월 정원수를 본다

육십 초반의 나는
자작나무 하엽夏葉 닮은 연두노인
저만치 걸어가는 분은 초록노인
여기 허약 어르신들은 단풍노인

아리고 고운 단풍노인들
다시 한분 한분의 손을 잡아 본다

타월 걸레

보송보송한 무명 타월
숱한 날
젖은 투정 마른 까탈
마다 않더니
허영거리며 낡는다

새 각시 고운 솜털
가시가 되어도
놓아 달란 말 못하고
숙명이라는 듯
온몸 구기어
구석구석 때를 닦는다

고구마꽃

메꽃 넝쿨이 고구마밭에 들어갔나
아니라고 손사래 치는 꽃
온대지방에서 보기 드문
고구마꽃이라 하네
백 년 만에 핀다는 행운의 꽃
조촐한 이미지가 산뜻하다

간식거리로 사랑받는 고구마
번거로운 요리 아니라도 그저 그만
타박고구마는 팍신팍신한 맛으로
물고구마는 촉촉한 맛으로

종족 보존을 위해 불 밝히는 꽃
이제 고구마는 유성번식으로 가려는가
기온이 높고 짧은 일조량에서 핀다는 꽃
행운의 꽃이라 환영하지만
아열대기후로 변해가는 것 같아
마냥 기뻐할 수만은 없어라

가을 산책

마음이 차분해지는 계절
헝클어진 실타래에서
한 올 첫머리가 풀려나오듯
정리된 생각이 풀려나올 때
어딘가로 떠나고 싶다

하늘 높아지되 더 청명한 쪽빛
투명하기 이를 데 없는 개울 물
곱게 물든 색색의 단풍잎들
그들과의 소소한 즐거움과
멋을 찾아 떠난다

이 가을 가기 전에
헝클린 생각을 정리하고
주어진 현실을 받아들이기 위해
조용히 나서는 나들이
명승지 아닌 근교에서
소슬한 내음과 마주하는 여유

치유의 시간

아늑한 한벽처
해가 뜨고 지고
별이 뜨고 지고
호젓한 평화로움도 사위어
고요함 짙어 적막입니다
도시와의 별리는
탁해진 마음 비우고픈
또 다른 목마름이었나 봅니다

구속 없는 자연에 발이 묶이고
혼자만의 안식은 외로움의 서곡이라
잘못 걸려오는 전화도 반가운
사랑의 시장기
슬쩍 다가온 풀 하나도 감사하고
하찮은 돌멩이도 예사롭지 않은
인연으로 다가옵니다
당연하게 여겼던 세상이
유별한 의미가 될 때
무언가 나누고 싶은 허기
고마워해야 할 것들이 참 많음을 알았습니다

어미

밤새 울어대는 어미 소
쇠죽 대신 물만 들이키고 멍에를 진다
그저께 장날 새끼 놓치고
삼 일째 울어 젖히는 어미
새파란 딸 보내고 가슴 쥐어짜던
외할머니의 곡비哭婢이리라

어리광도 떼쓸 곳도 없는 아이
흐르는 눈물 맹맹하지 않았는데
어미 되고서야 더 뜨거운 눈물 알아
가슴에 지극한 불을 지핀다

오직 지켜야 하는 열망
아파도 저버릴 수 없는 맡은 일에
어미는 강해야 한다고 그래야만 한다고
애써 태연한 척 움직거리는 억척

밑받침

예쁜 꽃 드러내기 위해
꽃받침은 온몸으로 떠받치고 있다

궂은일도 기꺼운 어버이
자식 받침이 되자고
손사래 치며 만난 거 물리고
멋 낼 줄도 모르고
꾸역꾸역 일만 하는 만능
누가 알아주거나 말거나
혁혁한 자식을 위해
혼신을 기울인다

데인 얼룩 껴입은 냄비 받침
마냥 후끈하게 짓눌려도
당연한 줄 알았듯이
깊은 속 헤아리지 못한다

어색한 만남

펼쳐진 시간을 접어
하얀 나비고무신을 만나다
모습 조금 바뀌었을 뿐인데
보이지 않는 낯설음이 찻잔에 잠기고
간결한 안부와 답변이 징검다리 놓으며
뜻 없는 미소를 주고받는다

오래도록 잊고 산 유년의 동기생
부티 나는 의상과 도시적 학용품에
괜스레 우그러들거나 의기양양했던 아이들
자박자박 늙어 그간의 안부를 헤아린다

멀어진 사이로 커버린 각자의 삶이
상이한 가슴에서 공허로 돈다
화초도 돌보지 않으면 풀이되는 거
겅중겅중 뛰어놀던 단발머리
조용한 등 뒤로 저만치 가고 있다

구속

똑똑한 휴대폰
세상과 소통하는 문
얼굴 없이도 가능한 통로
중요하거나 은밀하거나
허접스러운 것까지
나를 길들여 버린 문명
너를 놓친 손은 휑한 광장

대화의 수단 많을수록
볼 수 없는 사람의 온기
소소한 정 가로막는 편리
끌고 다녔는지 끌려다닌 건지
벗어날 수 없는 상전이다

겨울 냉이

발길 잦은 땅에
없는 듯 살아가는 들풀
퍼런 서릿발에도 살아야 한다고
야윈 잎 방사로 한껏 펼쳐
언 땅을 바짝 껴안는다
혼신을 다해 견디는 기개
강추위 매서울수록
묵언 정진 깊이로 커간다
봄은 그렇게 저 아래로부터
들큼하게 살찌우는 거라고
햇살 한 줌 펼쳐놓는다

은행 옆 은행나무

구서동 OO은행 옆
수호신 같은 듬직한 은행나무
2014년 이른 봄날
발목 뎅겅 잘려 누워 있다
몽동발이 그루터기 쓸어보니
고인 눈물 손에 번진다
은행 드나들 적마다
언제나 한 발 먼저 만나는 지킴이
삼십 년 넘게 대면한 터주 목
하루아침에 잘려버린 신세

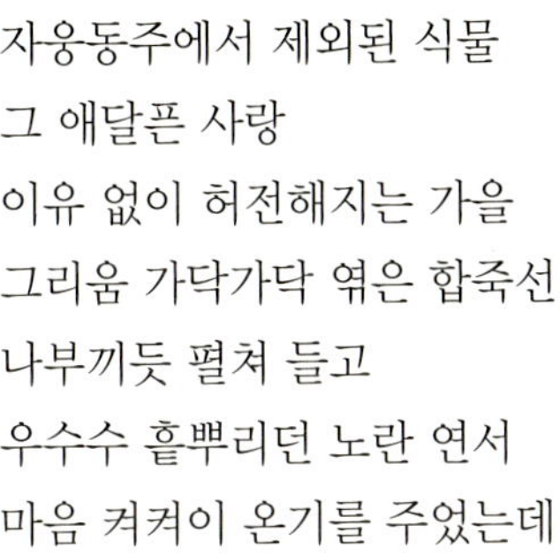

자웅동주에서 제외된 식물
그 애달픈 사랑
이유 없이 허전해지는 가을
그리움 가닥가닥 엮은 합죽선
나부끼듯 펼쳐 들고
우수수 흩뿌리던 노란 연서
마음 켜켜이 온기를 주었는데

가지마다 맺힌 잎 몽우리
아직 소록소록 자고 있는데
이를 어찌한단 말인가
머리 위로 차고 쓸쓸한 비가 내린다

중고 가전

반듯한 이름 달고
윤기 자르르한 자태로 왔었는데
뒤미처 내미는 새 얼굴에
내몰리어 버려진 제품

여전히 일하고 싶고
얼마든지 일할 수 있어
어디서 어떻게 살았는지
묻지 않는다는 장터에
단지 노동을 팔러 왔건만
선뜻 손 내미는 이 없다

허탈한 하루 길어가고
노동밖에 할 수 없는 허기로
간절한 눈망울만 굴리는 가게

컴퓨터 바이러스

가장 무서운 적은
모습 없는 비루한 놈
슬며시 기습하여 쾌재 부르며
똑똑한 두뇌 속 휘저으며
제 세상인 듯 우쭐거린다

순식간에 불린 제 식구들
돌연변이 폭탄주 만들어
제멋대로 튀며 솟구친다

끝내는 지가 만든 함정에
지가 들어갈 줄 모르는
허랑방탕한 것들
언제나 뒤통수가 엉큼하다

회한

-그릇된 열정

브레이크도 소용없는 미끄럼 길
한 점 새어든 빛을 좇아 내달린다
어떤 경계나 감시망에도
아랑곳 않고 휘달리는 망아지
발가락 불어터져 질척거려도
멈추지 않는 질주

끝 모를 위력의 신
찬란히 반기는 희열 앞에
와락 달려드는 제 잇속
사나운 본능으로 낚아챈다

하늘 우르르 무너지고 땅이 꺼진다
유혹이란 추락을 담보하는 줄 몰랐으니
착시에 매수된 허방
스스로도 노여운데
어디선가 놓친 정신 걸어와
너부러진 집착의 흔적을 추스르며
뜨겁게 감싸 안는다

4부_장미허브

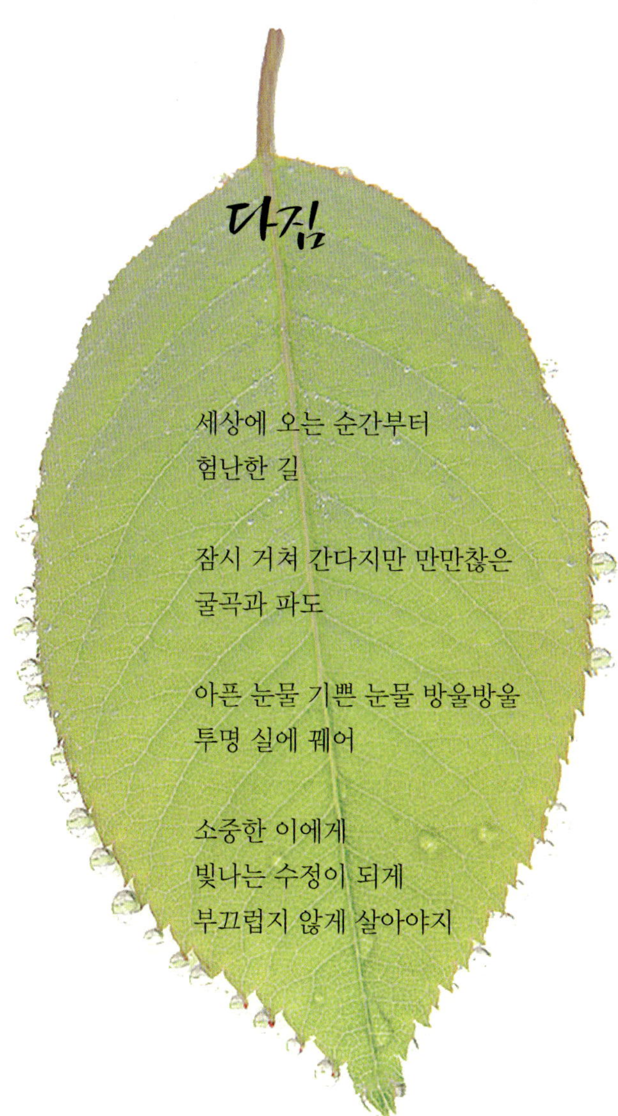

다짐

세상에 오는 순간부터
험난한 길

잠시 거쳐 간다지만 만만찮은
굴곡과 파도

아픈 눈물 기쁜 눈물 방울방울
투명 실에 꿰어

소중한 이에게
빛나는 수정이 되게
부끄럽지 않게 살아야지

메꽃

곰질곰질한 다섯 아이 두고
흙집에 든 엄마는 알란가

조막손이 큰 누나
부뚜막에 앉아 밥 푸고
두 살배기 동생 안고
"멍멍개야 짖지마라 꼬꼬닭아 우지마라
우리 아기 잘도 잔다"

큰 누나 새색시 되어 시집갈 때
꽃차에만 마음 쏠려
집 떠나는 줄 미처 몰랐어라

아침이면 눈 비비며
밤사이 꽃신 왔을까 살피는 댓돌
별 일 없는 것이 서러운 나날

기다리다 찾아 나선 동네 어귀
청초한 메꽃이 반기는데
찐 옥수수 쥐여주며 웃어주던
연분홍 블라우스 내 누나 같아라

아버지의 태평가

한 가정을 휘어잡고
두려울 것 없던 기백도
낙양은 어쩌지 못하는지
자리보전 두어 평이 전부랍니까

지극한 아들 편애로
가혹했던 딸자식 손에
미음 그릇 받으며
강철 같은 외고집 무너지고
더 작아지는 모습 서러워
눈을 적십니다

갈수록 잦아드는 움직임
한 점 눈동자로 전하는데
독해할 수 없는 은막 거두어
기어코 떠나십니까

소홀했던 허물 아는지 모르는지
끝내 회피한 아버지
당신이 즐겨 부른 태평가만
고향 들길에 끈끈히 배어 있습니다

파 뿌리

검은 머리 파 뿌리가 되도록…
고전이 된 부모님 당부 말씀
갓 출하한 잔파 묶음에 따라온다

대여섯 형제 모태를 싸고
머릴 꽉 잡고 있는데
제각각이 살라고 밀어내듯
하나하나 떼놓는다

씻을수록 고운 백발
꾸밈없이 흘러내린
이지적인 여인의 자태
나도 이처럼 늙을 수 있을까

이미 반백이 된 여섯 동기
하얀 파뿌리로 머리 맞대고
검은 머리 추억할 수 있었으면 좋겠다

몸살

버거운 숙제 끝나면
날아갈 것 같았는데
조인 긴장 풀어지면
숨 한번 편히 쉴 것 같았는데
외려 맥없이 처지는 몸뚱이
마냥 버텨주는 구조물처럼
부릴 줄만 알았으니
속으로 야위고 긁힌 만신창이
더 꿋꿋이 서야 한다고
안간힘 써보건만
세우기 위해 넘어뜨렸다는 듯
온몸 붙들고 놓아주지 않는다

바이러스

인간에게 해코지하는 건
꼭 작은 것들이었지
보이지 않는 놈은 더 지독하다
인류가 자연을 주물럭거리며
위대함에 빠져 있을 때
틈 노려 서슴없이 공격해온다
최첨단 무기를 조롱하고
철저한 방어벽을 비웃는다
새로운 킬러 앞세워
자신만만한 용기로 나서면
어느새 변신의 혀를 날름거리며
좇아오는 교활한 능재
가장 탐나는 숙주는 우등 동물이라며
재차 엉겨 붙어 약 올린다
어쩌면 우리의 영원한 맞수일지도 모를
흠. 착. 귀.

자운영

사오월 논벌에
홍자주 구름 융단
흐드러지게 가슴 열어
아늑히 품어준다
보송보송한 하얀 솜털
자잘한 송이마다
관대한 사랑
실바람에도 일렁인다
봄 벌은 윙윙
신나게 꽃물 나르고
숨겨 둔 꿀물은 벌써부터
제 흙이 탐내고 있다 하네
풋거름으로 바쳐지기엔
너무 고운 풀꽃
시린 눈에 잡히는 짧은 만남
볼수록 가슴 아리다

엄마 일기

네 귀한 생명 내게 왔기에
오심의 괴로움이나 잦은 아픔도
기꺼이 감내할 수 있었고
귓가에 첫 울음소리 들릴 제
그 산고마저 말끔히 잊었다

봉오리 속 옹알이 엄마로 열리더니
날마다 샘솟는 언어 구사
흑요석 구슬 같은 두 눈 깜박이며
오무작오무작 먹는 모습
눈에 넣어도 아프지 않을 보옥

내 존재의 의미가 된
나의 두 아들
아침 꽃처럼 환하게 피어올라
언제나 건강하고 지혜롭기를
내 사는 세상에
너희보다 더 예쁜 꽃이 또 있을까

– 1984년 봄날에

시들지 않는 사랑

아무리 보아도
싫증 나지 않는 꽃
실바람에도 에리는데
너 거침없이 유영해 간
광활한 앞 강 바라본다
계절은 저만치 앞서가는데
여태 여물지 못한 내 서툰 사랑법
세련된 눈 맞추지 못해
번번이 엇길을 걷는다
붙임성 없어도
한없이 관대해지는 모정
알면서도 놓지 못하는 심지
행여 그마저 누가 될까
서성이는 마음
집 어귀 우듬지에
휑한 눈 올려놓는다

공간을 묶다

십 년 유학 마감한
이삿짐 속에서
그간의 일상을 헤아린다

격식 갖출 때마다
단정히 꾸며주었을
실크 넥타이
매듭 풀지 않은 채
세탁기로 씻어 놓았다

바라지 못한 모정
짠하게 젖어 오는데
두고 온 벗들과 추억
차마 놓지 못하는지
외국 한 공간이
올가미로 묶여 있다

이부자리

객지에 있는 자식 오는 날
정리하지 않은 방
청소를 하고
이부자리를 편다

일찍 떼 놓아야 했던 정
아직도 아리어
다 큰 자식 몸 누일 자리
빈 이불 다독이며 쓸어 본다

첫 아이 태어났을 적에
폭신한 이부자리 장만해 놓고
하루하루 기다리던 그때처럼
설레는 마음 뭉클하다

금반지

사는 게 별거냐며
가장이 되고 아비가 되었지만
가난하고 구차한 삶
아내의 예물마저 삼켰으나
무심하게 살았지
살아온 시간이
서럽게 펄럭이는 날
잘 참아내던 아내가
섭섭함 털어놓을 때
무딘 가슴 당황해 하더니만
몰래 장만한 금반지 하나
차마 선뜻 건네지 못하고
한밤 깜깜한 이불 밑에서
손 끌어다 슬쩍 쥐여준다
선사하는 법이 어색한 사람
어둠 속에 감추고 싶었던 쑥스러움
멋없지만 순수하지 않는가

뷰티 미용실

낯선 미용실 문을 열었다
면 소재지의 마실 방인가
휘둥그레진 눈을 끌고
되나올 자신이 없어
수십 년 솜씨를 믿기로 했다
뼈다귀 같은 분홍 막대
온통 내 머리를 틀어잡고
한 시간여 만에 놓아주었다

세상살이 꿰는 듯한 미용사
연신 마음에 드냐는 물음에
말 대신 고개를 끄덕이니
그녀 잔주름 행간에 앉은
근심 사라지는데
내 머리는 뽀글뽀글 할머니다

자정 넘어도 잠은 안 오고
뽀글뽀글 미장원만
눈앞에 오고 간다

독서 일괘경

책 속에 길이 있다하여 펼쳤는데
시간은 책장보다 빠르게 스치고
개수대 설거지는 쌓여간다

돋보기 바짝 붙여 쓰고
책 속 어딘가에 숨어 있을
보물섬을 찾아 헤매는 사이
청소 못한 집안은 엉망이다

투벅투벅 발자국 소리 귀에 익어
창밖 내다보니 어느새 해 저물었다
맙소사 어쩔거나 간이 덜컥
설핏 다가오던 길
온데간데없이 사라지고
후다닥 파다닥 혼자 난리법석이다

고향

등 돌리고 떠나
애면글면 사는 동안
조금씩 산뜻해진 네가 낯설어
잠시나마 서운해한 적 있었지

달라진 자신 알지 못하고
정지된 기억만 고집했으니
외로운 사랑 들키고 만 게야

내 태를 받아주고
처음으로 세상을 알게 해준 너는
언제나 거기 그대로
내 살아가는 버팀목인 것을

소도 마을

아렴풋이
머리속에 맴도는 마을
매번 찾아 나서지만
허전한 걸음만 길었는데
도시 한 모롱이에 고이 있었네

가파른 세상 외면했든가
봄마저도 더디어
목련 홍매화 벚꽃 등 푸짐하게
사월 중순에 담았다

산속에 사풋 앉은
자배기 같은 소도 마을
토방집 아궁이 군불 지필 때
민무늬 도배지와 종이 장판
낯설지 않아
슬그머니 등대고 싶어라

옛 동무와 나란히 누워
오래 간직한 이야기
도란도란 밤이 새도록
까닭 없이 고백하고 싶다

* 소도 마을 : 김해 생림면 나전부락

일방통행

–충언

말랑말랑 감기는 말에
쉬이 따라가는 형제여
어찌 스스로 고삐 내주어
엉큼한 굴속으로 침혹하는가
얄팍한 증거에 현혹되어
개먹어 드는 줄 모르고
으스대는 가엾은 사람
드넓은 광활한 세상 알지 못하고
네 보는 하늘이 전부라 믿는지
진실한 말에 귀 봉하고 오직
한쪽으로만 치우친 굳은 집착
위태위태한 진행 언제쯤 멈출는지
본디 공짜는 달콤하고
쉽게 얻는 건 속박 아니던가
헛딛지 말라
깊이 빠질수록 다시 오르기 어려우니
차라리 네 삶 엮은 자리에서
알토란 같이 실팍하게 살자꾸나

주름살

유행하는 좁은 바지
착 달라붙은 오금에
대여섯의 가로 주름이 잡혔다
진바지는 납작한 마른모 주름
자연스러운 저 무늬가
무릎을 편하게 했을 터

주름을 잡아 프릴을 만들고
고아한 주름 옷을 짓는 것은
물결 모양 그 부드러움을
닮고 싶어서다

중년의 얼굴이
편안해 보이는 것도
물결처럼 흘러온 세월
다정한 그 주름 때문인 게야

장미허브

우두커니 앉은 장미허브
웃자란 가슴을 보듬는데
힘없이 떨어지는 가지
양지바른 화분에 꽂으며
뿌리내리고 살라 했다

낯선 곳 낯선 집에서
뿌리내리고 사는 게
얼마나 힘든 일인 줄 알면서
환하게 웃으며 보냈는데

하루하루가 고비처럼
죽은 듯이 지탱하는
여린 순을 보면서
까닭 없이 눈물 고인다

월동 준비

가을 내내 살 오른 배추
밤새워 아린 속살 뒤척이더니
채운 욕심 내려놓고 낭창거린다

허리 어깨 아야야 코러스도
화끈 짭조름한 양념에 버무려
노란 속잎 한 쌈 말아
옆지기 입에 넣어주며
바쁘다 장단에 빨간 마미손 춤을 춘다

끼어든 한파도 한 몫 거들어
차곡차곡 담은 정성
싱싱고 가득 채워 놓고
식구들 젓가락질 떠올리며
스스로 대견하다 추어올리는 연중행사
뒷설거지도 흥겨워 흥얼흥얼

폭설이 와도 좋겠다

발문

어머니 손맛 같은 밥상

임 영 석(시인)

시라는 것은 낮과 밤을 바라보고 느끼는 사람에게 찾아오는 꿈의 지도와 같다고 본다. 그 꿈의 지도를 그리는 데 있어 체계적으로 배운 사람은 쉽고 빠르게 그려낼 수 있지만, 평생 삶의 울타리를 넘나들며 생활에만 매달려 살아 온 사람에게는 낱말 하나하나가 가져다주는 떨림이 별빛과 같은 아름다움의 상징이 되어 가슴을 더 황홀하게 만들고 확장시켜주는 삶의 활력소가 된다.

최혜림 시인은 그러한 삶의 활력을 찾기 위해 시를 쓰고 시를 공부한다는 믿음을 그의 시집 원고를 받고 느꼈다. 그 속에는 어머니라는 존재가 숨을 쉬고 있고, 가족들을 책임지는 무거운 삶의 밥상을 하루도 거르지 않고 차려야 했던 눈물이 청명한 가을 하늘처럼 그려져 있었다.

우리는 詩를 읽는 데 있어 문학적 가치를 중시하다보니 시인의 뜨거운 고뇌와 가슴을 쉽게 만나지 못하고, 어떻게 그 시를 쓰게 되었는지 동기를 부여하지 않는다. 필요에 따라서는 고속도로가 빠르게 가는 길이라는 것을 세상사람 누구나 다 안다. 그러나 행복함을 느끼기 위해 느리고 더디지만 오솔길을 찾는다. 우리는 요즘 느림의 행복을 찾기 위해 힐링이라는 말을 사용하기도 한다. 최혜림 시인은 빠르게 가는 길 보다는 느리고 더딘 오솔길에서 들꽃을 만나고 바람을 만나고 지나 온 삶의 여백을 펴 보이며 자신의 발자국 소리를 가슴으로 느끼고 돌아오는 막막함의 고독까지 풀어 놓고 있다. 이는 어머니가 차려주는 밥상이 아니고서는 맛볼 수 없는 입맛을 느끼게 해 주기에 충분하다고 본다.

아담하거나 화려하지 않아도
저 혼자 방실방실
재배 꽃 같이 산뜻한 데
서러운 이름이다

귀할 것 없는 지천의 풀꽃
채이고 꺾여도
흔하고 모진 게 잘못이라
멸시 천대 견디며 꿋꿋이 살아간다

그리움 하얗게 바래는 여름
해사한 웃음이야 눈물의 거짓
쉬이 늙을 수도 없는 질긴 인연
긴 여름 다 가도록
진한 생명 붙들고 있다

『개망초』 전문

위 시 「개망초」에서 왜 살아야 하는가, 왜 꽃을 피워 그 뜨거운 한 여름 불볕더위를 이겨내야 하는가를 생각하게 한다. 개망초 꽃은 흔하게 피는 꽃이다. 재배되지 않아도 군락을 이루며 제 삶의 뿌리를 안착시키며 살아간다. 이는 보통 서민의 삶과 같은 꽃이기에 개망초 꽃은 서민의 삶처럼 치부하기도 한다. 시인의 삶에서 지나 온 시간이 얼마나 힘들고 고난의 길이였으면 그 흔한 개망초 꽃을 보며 함께 눈물 흘리며 진한 생명의 느낌을 부여잡을까. 어머니의 마음이 아니고서는 멸시와 천대를 이겨내고 "꿋꿋이라"는 말이 쉽게 나오지 않을 것이다.

시인은 늦은 나이에 공부를 하였다. 그리하여 자신의 삶의 꽃을 피워냈으며 평생교육사로서 또한 복지사로서 사회의 어두운 부분에 눈길을 주고 있다. 진한 생명을 부여잡는 개망초 꽃처럼 삶의 꽃을 불사르는 의지를 보여 준다. 시인에게 삶의 계절이 있다면 봄, 여름, 가을이 지나가고 있다. 이제 남은 혹독한 겨울을 이겨내기 위해 절박한 꽃으로 나마 삶의 씨를 남기려는 노력이 개망초 꽃을 통해 보여주고 있다고 보아진다.

어차피 홀로 삭여야할 아픔인 줄 알면서
쉬이 떨치지 못하는 정념
얼마나 더 아파해야
이 붉은 사랑 잠재우는가

『꽃무릇』 부문

흙물 가득 넘실거릴 제
한없이 작아지던 아버지

꽃 물결 속에서 명멸한다
『남지 유채꽃』 부문

온대지방에서 보기 드문
고구마꽃이라 하네
백 년 만에 핀다는 행운의 꽃
조촐한 이미지가 산뜻하다
『고구마꽃』 부문

꽃은 결실을 맺어주기 위해 피는 것이다. "꽃무릇" 이나 "남지 유채꽃" 그리고 "고구마꽃" 같은 것에서 사실적 근거의 정황을 통해 작은 꽃들이 향유하는 자유로움도 자유로움이 아니라 무엇인가 구속된 자아의 현실의 거리에 있다는 것을 피력하고 있다. 붉은 사랑을 잠재우기 위해 꽃무릇이 있던 자리, 한없이 작아지던 아버지의 뒷모습처럼 한바탕 휩쓸고 흘러간 터에 자리 잡고 남지 유채꽃이 피어야 했던 기억들, 백년에 한 번 피어난다는 고구마 꽃에서 시인 가슴속에 진실로 피워내고 있는 그리움의 꽃은 바로 어릴 적 일찍 돌아가신 어머니에 대한 그리움이 끊임없이 가슴속에 살아 숨 쉬고 있기 때문이리라.

꽃은 모든 세상의 소리를 뒤로하고 자신 만의 공간을 향한 세상이다. 자신의 세상을 만들기 위해서 낮에는 잎을 피워 더 깊은 햇살을 받아내야 하고 밤에는 땅 속 깊은 뿌리에서 물 기운을 잎으로 보내야 한다. 어둠속이라 하여 게으름이 있어서는 아니 된다. 햇빛이 좋다하여 무작정 잎만 피워서도 꽃을 피워내지 못한다. 그러한 삶의 깨달음을 통해 세상을 바라보고 있기 때문에 시인은 세상에 없지만 백년에 한 번 핀다는 행운의 고구마 꽃처럼 삶의 희망을 만들며 살아 왔음을 각인하고 있다.

퇴색한 평화의 상징
윤기 나는 도시를 떠나지 못해
거칠고 험한 세파에 휘둘리어
내 쫓기는 자리마다
아쉬움 되짚으며 떠돌더니
이브 모텔 외벽과 에어컨 사이
간신히 둥지를 틀었다
밤새 화려한 불빛 간판에
시린 눈 감내하며 혼신으로
미약한 피돌기 숨길을 트고 있다
어둑한 아침
간밤 제 둥지를 파헤치던 아담
서둘러 하늘을 열어
부지런히 생을 낚는다
어딘가 켕기는 걸음 앞으로
숭고한 획 하나 그으며

「둥지를 틀다」 전문

이 시는 비둘기가 어렵게 현대적 건물에 제 둥지를 틀며 살거나 새들이 둥지를 틀어 살아가는 모습을 그려낸 듯하다. 왜 하필 이브 모텔 외벽과 에어컨 사이에 둥지를 틀어야 했을까. 그것은 현대인이 자신의 삶의 희열을 느끼고 만족을 채우는 공간에 무엇인가는 생명을 지켜내기 위한 처절한 몸부림이 있다는 것이다. 이는 자신의 만족감 이전에 가정의 소중함을 먼저 생각하는 시인의 눈길이 따뜻하게 가기 때문일 것이다. 보통의 사람이라면 그냥 거기에 새집을 지었구나, 새가 살고 있구나 하고 넘어갈 문제를 "어딘가 켕기는 걸음 앞으로 / 숭고한 획 하나 긋" 고 날아가는 문제의식을 도출하고 있다. 세상을 좀 더 정직하게 바라보고자 하는 시선이 둥지를 틀고 살아가는 새들의 모습을 통해 우리가 잊고 살아가는 윤리의 초점을 바라보고 있다.

이 시를 통해 시인은 가정이라는 집이 무엇을 지향해야 하는지, 그리고 한 둥지에 들어 함께 살아가는 의미가 무엇인지, 새들이 제 새끼에게 무엇을 가르치고 보고 듣고 느끼게 하며 사는지를 어미의 입장에서 바라보고 있다.

산다는 것은 낡아가는 것
끓어오르는 거품이 아니라
잦아드는 진득힘으로
낮달이 으스러지도록
고된 하루를 펴고 접는 일
다시 동트는 내일을 위해
더 열렬해야 하는 오늘이면 좋겠다

산 빛도 스산한 겨울 저녁
허정허정 억새 길 걸으며
잎새 하나 없는 나무를 본다

난무한 찬바람 마다않고
겸허히 밤을 품는 일
무념무상의 수행을 듣는다

『오늘을 닦는 일』 전문

시인은 오늘 하루를 가슴에 묻어 두고 거울처럼 닦아내고 있다. 그것은 비단 삶의 자아를 실현하지 않아도 내면의 삶에 부끄러움을 간직하지 않으려는 노력의 반증이기도 하다. 비단 성공한 사람만이 세상을 살아가는 것은 아니다. 거지에게도 구걸할 용기를 가졌기 때문에 거지로 살아갈 수 있다고 했다. 시인에게 무념무상의 하루를 갖기 위해서 하루하루 최선을 다해 살아가는 자세, 그 고된 삶을 펴고 접는 일상이 내 삶에 어떤 형상의 모습으로 비추어 주는 얼굴인지를 바라보아야 한다. 오늘을 닦는 일은 시인의 일상에 하루를 소중하게 생각하며 사는 일상의 행복이 얼마나 소중하다는 것인가 생각을 한다. 그 소중함을 느끼는 것이 시인의 삶의 지도인 것이다.

최혜림 시인의 삶의 지도에는 시인이 걸어왔고 생각했던 모든 것이 삶의 나침판이 되어 있고 때로는 이정표처럼 어디로 갈 것인가를 바라보게 한다. 비단 그것이 시인 개인의 생각의 시각인지도 모른다. 하지만 이러한 생각을 하기까지, 가슴에 그려 온 꿈의 지도는 그 어떤 탐험가의 의지보다 더 강하고 굳은 믿음을 가졌기 때문에 가능하다고 본다.

다솔사 앞뜰에
봄볕 헤아리는 불두화

한 스승의 모습이다
『불두화』 부문

궂은비 내리는 날
자박자박 발자국 소리
종일 가슴을 밟는다
『섬이 된 사람』 부문

다시 꼭 잡은 두 마음
물결 이음표 하나 걸어둔다
『악수』 부문

위 인용된 시 세 편의 인용부분을 보면 시인은 "가슴으로 무엇을 만나고, 가슴으로 묶어내고, 가슴으로 담아내는" 믿음의 모습이 강하게 나타나 있다. 사람은 어떤 형상을 통해 내면의 존재를 분출하는 의지를 갖으려 하는 것이 일반적인 모습이다. 그러나 시인은 물질적인 형상이 아닌 내면의 정제된 형상을 통해 불누화의 보습을 스승이라 믿고, 섬이 된 사람에게 걸어오는 발자국 소리를 듣는다. 그리고 악수를 통해 그 모든 물결의 이음표를 만들어 삶을 통로를 개척하고 있다. 이것은 시인이 자신 만의 삶의 의지가 확고하기 때문에 분출하는 에너지이고 삶의 지표인 것이라 믿어진다.

짙푸른 기상 땅에 누이져
여덟 조각 둥근 고리 되어
아날로그시계를 담았다

쉼 없이 맞물리는 육십진 순환
한없는 낮밤에 제 시간 멎을 때
덩달아 버려지는 피톤치드의 아픔
다시 눈 맞추며 살자하네
수작의 그림 품었어도
사각 틀에 갇힌 나이테 설움
숲 잃은 원목 고정불변 없다는 듯
둥글게 둥글게 모난데 없이 살자하네

『둥근 액자』 전문

둥근 액자는 시인이 시집 표제로 선택한 시다. 왜 이 시를 시인은 시집의 얼굴로 내세웠을까. 시인은 이 시에 대한 각별한 애정을 갖고 있다고 본다. 스스로가 그 무엇에 대한 애착과 사랑이 끝없기 때문이란 생각을 해 본다. 둥근 액자가 지닌 마음, 즉 나무가 되어 한 세상 덧없이 살아가는 이야기다. 베어져 액자로 만들어져 그 속에 시계를 품었다가 다시 그림을 품고 벽면에서 한 세월을 보낸다. 시인 모습도 그 둥근 액자처럼 한때는 부모 밑에 자라서 사랑을 받았을 것이다. 그리고 결혼을 하여 어머니가 되고 네모난 세상의 벽에 걸려 삶이라는 것을 품고 살았을 것이다. 그런 세월을 품은 액자가 모난 데 없이 둥글게 살자는 의미로 다가왔을 때 자신의 모습과 닮아 있다는 의미로 받아들여졌기 때문에 이 시집의 표제로 성했다고 본다.

세상에는 수많은 시들이 넘쳐나고 있다. 그 시들도 들에 핀 풀꽃처럼 각각 다른 아름다움을 지니고 있다. 때문에 사람의 눈에 잘 띠지 않고, 사람의 발길이 닫지 않는 들꽃이 있는 것처럼 시도 그러한 시들이 많다. 최혜림 시인의 시들도 그 들꽃 가운데 한 송이 꽃이라 생각된다. 때로는 아픔의 자국을 잊으려고 시를 썼을 것이고, 때로는 행복을 더 만끽하기 위하여 시를 썼을 것이다. 그 시들이 있어 바다 같은 마음을 이루었을 것이다. 어머니는 아이에게 언제나 바다 같은 존재다. 최혜림 시인에게 시는 바다처럼 넓은 꿈을 주고 있다. 망망함 속에 언젠가 당도할 육지의 땅을 밟을 수 있는 희망을 일구어주고 있다. 때로는 바다의 파도가 몸을 집어삼킬 만큼 커다란 두려움과 공포로 다가왔을 것이다. 그 공포와 두려움을 이겨내는 용기를 스스로 개척해 나가는 것이 시인이다. 사람에게 두 귀가 있고 두 눈이 있고 두 발이 있고 두 손이 있는 데, 입은 하나다. 마음도 하나다. 입이 하나인 것은 큰 욕심을 내지 말라는 것이다. 참고 기다리는 인내심을 갖으라는 것이다. 시인은 그러한 기다림을 즐길 줄 알아야 한다.

최혜림 시인은 어머니로써 풍부한 삶의 경험을 시 밭에 시들을 가꾸는 일에 열중하고 노력을 해 왔기에 그 열매도 충실히 수확을 하리라 기대가 된다. 시집 『둥근 액자』에 담아내는 시인의 시들은 순수와 포근한 어머니의 마음이 담겨 있다. 어머니라는 인생 항로를 통해 망망한 삶의 바다를 건너 온 마음의 시들은 잊을 수 없는 날의 일기처럼 곰삭아 있다. 어떤 정형의 그림이 아니다. 가슴으로 녹여낸 삶의 수식이 가득히 담겨 있다. 옥상 텃밭이 그렇고, 월동 준비가 다 그런 삶속에서 비롯된 시들이다.

발문의 끝말에 말 한마디 덧붙이고자 한다.

필자가 시를 썼던 30여년의 시간을 뒤돌아보면 하루하루가 늘 새롭게 새로운 시들을 쓰려는 마음이었다. 그러나 그 새로운 시라는 게 하나도 없다. 다 내가 살아 온 삶의 발자국처럼 내 몸에서 비롯된 것이다. 자연의 아름다움은 상처의 흔적들이다. 절벽의 위태로운 곳에 자라는 소나무처럼 스스로가 허공을 짚어내는 힘을 가질 때 아름다움을 이루어내는 힘을 갖는다. 이제 최혜림 시인은 한 가정의 어머니가 아닌 세상의 모든 어머니로써의 마음을 이루어 내길 바란다. 앞으로 최혜림 시인은 시인으로써 높은 위상을 더 높이 쌓는 일만 남았기 때문이다. 스스로 옥돌이 되어 마음을 새기는 일은 쉽지 않다. 마음은 단련하면 할수록 그 마음에 마음을 새기는 일도 쉽지 않다. 시란 마음의 옥돌에 글을 새기는 일이다. 앞으로 세상의 모든 일들이 시인의 가슴에 녹아 더 아름다운 마음의 빛이 되기를 바라는 마음이다. 시라는 그릇에 어머니의 정성 가득한 마음을 담아 차려내는 둥근 액자란 시집이 행복한 삶의 밥상이 되리라 생각한다.

둥근액자

| 최혜림 제2시집 |

발행일 | 2014년 5월 23일 초판 1쇄 인쇄
2014년 5월 30일 초판 1쇄 발행

지은이 | 최 혜 림
발행인 | 이 길 안
발행처 | 세종출판사

등 록 | 제02-01-96
주 소 | 부산광역시 중구 보수동 2가 72-26번지
전화 463-5898, 253-2213~5
팩스 248-4880
E-mail sjpl@chol.com

값 10,000원
ISBN 978-89-6125-810-4 03810

본도서는 2014년도 부산문화재단 지역예술창작지원사업으로
발간되었습니다.